D1873431

rororo

EUGEN ROTH wurde 1885 in München geboren. Nachdem er Germanistik, Geschichte und Kunstgeschichte studiert hatte, arbeitete er zunächst als Lokalredakteur bei den «Münchner Neuesten Nachrichten», bevor er sich 1933 als freier Schriftsteller niederließ. Sein umfangreiches Lebenswerk umfasst Erzählungen, Gedichte und die heiteren Verssammlungen, die ihn schon zu Lebzeiten zu einem Klassiker des Humors werden ließen. 1976 ist Eugen Roth in München gestorben.

Eugen Roth

FÜR ZEITGENOSSEN

Rowohlt Taschenbuch Verlag

Ungekürzte Ausgabe
Veröffentlicht im Rowohlt Taschenbuch Verlag,
Reinbek bei Hamburg, November 2011
Copyright © 2002 by Sanssouci
im Carl Hanser Verlag, München/Wien
Umschlaggestaltung any.way, Barbara Hanke
unter Verwendung des Originalumschlags
von Sanssouci im Carl Hanser Verlag
(Illustration: Rotraut Susanne Berner)
Satz Rotis PostScript, InDesign, bei
Pinkuin Satz und Datentechnik, Berlin
Druck und Bindung Druckerei C. H. Beck, Nördlingen
Printed in Germany
ISBN 978 3 499 33290 6

INHALT

IDEALE

Vorschlag

Ein Mensch, der es zwar täglich sieht,
Was alles auf der Welt geschieht,
Und ders erfuhr durch eigne Qual,
Die Erde sei ein Jammertal,
Möcht doch, der armen Welt zum Spott,
So herrlich leben wie ein Gott.
Doch ist dann meist die Sache die:
Er stirbt noch schlechter als ein Vieh.
Er sollte nur die Kunst erwerben,
Als Mensch zu leben und zu sterben.

Umwertung aller Werte

Ein Mensch von gründlicher Natur
Macht bei sich selber Inventur.
Wie manches von den Idealen,
Die er einst teuer mußte zahlen,
Gibt er, wenn auch nur widerwillig,
Weit unter Einkaufspreis, spottbillig.
Auf einen Wust von holden Träumen
Schreibt er entschlossen jetzt: «Wir räumen!»
Und viele höchste Lebensgüter
Sind nur mehr alte Ladenhüter.
Doch ganz vergessen unterm Staube
Ist noch ein Restchen alter Glaube,
Verschollen im Geschäftsbetriebe
Hielt sich auch noch ein Quentchen Liebe,
Und unter wüstem Kram verschloffen
Entdeckt er noch ein Stückchen Hoffen.
Der Mensch, verschmerzend seine Pleite,
Bringt die drei Dinge still beiseite
Und lebt ganz glücklich bis zur Frist,
Wenn er noch nicht gestorben ist.

Ein Ehrenmann

Ein Mensch, der mit genauem Glücke
Geschlüpft durch des Gesetzes Lücke,
Bebt noch ein Weilchen angstbeklommen.
Doch dann, als wäre er gekommen
Durchs Haupttor der Gerechtigkeit,
Stolziert er dreist und macht sich breit.
Und keiner wacht so streng wie er,
Daß niemand schlüpft durch Lücken mehr.

Nur

Ein Mensch, der, sagen wir, als Christ,
Streng gegen Mord und Totschlag ist,
Hält einen Krieg, wenn überhaupt,
Nur gegen Heiden für erlaubt.
Die allerdings sind auszurotten,
Weil sie des wahren Glaubens spotten!
Ein andrer Mensch, ein frommer Heide,
Tut keinem Menschen was zuleide,
Nur gegenüber Christenhunden
Wär jedes Mitleid falsch empfunden.
Der ewigen Kriege blutige Spur
Kommt nur von diesem kleinen «nur» ...

Das Sprungbrett

Ein Mensch, den es nach Ruhm gelüstet,
Besteigt, mit großem Mut gerüstet,
Ein Sprungbrett – und man denkt, er liefe
Nun vor und spränge in die Tiefe,
Mit Doppelsalto und dergleichen
Der Menge Beifall zu erreichen.
Doch läßt er, angestaunt von vielen,
Zuerst einmal die Muskeln spielen,
Um dann erhaben vorzutreten,
Als gälts, die Sonne anzubeten.
Ergriffen schweigt das Publikum –
Doch er dreht sich gelassen um
Und steigt, fast möcht man sagen, heiter
Und vollbefriedigt von der Leiter.
Denn, wenn auch scheinbar nur entschlossen,
Hat er doch sehr viel Ruhm genossen,
Genaugenommen schon den meisten –
Was soll er da erst noch was leisten?

Verwickelte Geschichte

Ein Mensch wähnt manchmal ohne Grund,
Der andre sei ein Schweinehund,
Und hält für seinen Lebensrest
An dieser falschen Meinung fest.
Wogegen, gleichfalls unbegründet,
Er einen Dritten reizend findet.
Und da kein Gegenteil erwiesen,
Zeitlebens ehrt und liebt er diesen.
Derselbe Mensch wird seinerseits –
Und das erst gibt der Sache Reiz –
Durch eines blinden Zufalls Walten
Für einen Schweinehund gehalten,
Wie immer er auch darauf zielte,
Daß man ihn nicht für einen hielte.
Und einzig jener auf der Welt,
Den selber er für einen hält,
Hält ihn hinwiederum für keinen.
Moral: Das Ganze ist zum Weinen.

Trübsinn

Es gibt so Tage, wo die Welt
Dir, ohne Anlaß, arg mißfällt.
Selbst über Goethe oder Schiller
Denkst du an solchen Tagen stiller.
Auch schaust du einen Tizian
Ganz ohne innere Rührung an
Und meinst bei einem Satz von Bach:
«Im Grunde einfallslos und schwach!»
Kurz, nicht in Worten, Bildern, Tönen
Spricht zu dir dann die Welt des Schönen.
«Dies», fragst du – und du siehst nicht ein –,
«Soll höchste Kunst der Menschheit sein?
Dies jene vielgerühmte Grenze,
An der Unsterblichkeit erglänze?»
Wir hoffen nur, dein wahnsinnstrüber
Unkunstsinnsanfall geh vorüber.
Wo nicht, so fahre zu den Toten:
Mehr wird auf Erden nicht geboten!

Verfolgungswahn

Ein Zweck, der recht sich überlegt,
Daß er verfolgt wird, unentwegt,
Fängt langsam sich zu fürchten an
Und leidet an Verfolgungswahn;
Beginnt auch, an sich selbst zu kritteln:
Ob er, verfolgt mit allen Mitteln,
Nicht an dem Unrecht selbst beteiligt,
Daß er, als Zweck, die Mittel heiligt?
Und tief durchfährt ihn da ein Schreck:
Am End ist er kein guter Zweck?
Vergebens, daß er – schon umgarnt –
Sich selbst als völlig zwecklos tarnt,
Versucht, sich höher stets zu recken:
Der Mensch wächst *auch* mit größern Zwecken.
Und eines Tags der Zweck erbleicht:
Es war umsonst – er ist erreicht!

Eitler Wunsch

Ein Mensch, der einen Glückspilz sieht,
Dem alles ganz nach Wunsch geschieht,
Verlangt vom lieben Gott das gleiche,
Daß er auch mühelos erreiche
Die schönen Sachen dieser Welt.
Und Gott, dem zwar der Wunsch mißfällt,
Beschließt in seinem wunderbaren
Ratschluß, ihm scheinbar zu willfahren.
Der Mensch, der sonst mit Herzenskräften
Und stark gebrauten Seelensäften
Der spröden Welt das abgewonnen,
Was sie zu schenken nicht gesonnen,
Spürt jäh, wie sehr er sich auch stemmt,
Vom Glanz der Welt sich überschwemmt.
Das ganze Bollwerk der Gedanken
Beginnt vor diesem Schwall zu schwanken,
Mühsam gehegte Herzensfrucht
Reißt wild mit sich die Wogenwucht.
In solcher Not wird es ihm klar,
Wie töricht sein Verlangen war.
Von nun an lebt er höchst bescheiden
Im Rebenhag der eignen Leiden
Und keltert sich, in milder Sonne
Gereift, den Wein der eignen Wonne.

Lebenszweck

Ein Mensch, der schon als kleiner Christ
Weiß, wozu er geschaffen ist:
«Um Gott zu dienen hier auf Erden
Und ewig selig einst zu werden!» –
Vergißt nach manchem lieben Jahr
Dies Ziel, das doch so einfach war,
Das heißt, das einfach nur geschienen:
Denn es ist schwierig, Gott zu dienen.

KRISEN

Vergebliche Mühe

Ein Mensch, der willens, lang zu leben,
Beschließt, dem Tod zu widerstreben
Und a) durch strenges Selbstbelauern
Die Krisenzeit zu überdauern
Und b) zu hindern die Vermorschung
Durch wissenschaftlich ernste Forschung.
Zu letzterm Zwecke wird bezogen
Ein Horoskop beim Astrologen,
Um nicht bezüglich der Planeten
In eine falsche Bahn zu treten.
Ist so gebannt Saturnens Kraft,
Hilft weiterhin die Turnerschaft,
Die Rümpfe rollend, Kniee beugend,
Ganz zweifellos wirkt kräftezeugend.
Die Rohkost birgt das Vitamin;
Wein und Tabak, er gibt sie hin.
Auch gilts den Vorrat an Hormonen
In reiferm Alter streng zu schonen.
So braut er sich den Lebenssaft
Aus ausgekochter Wissenschaft.
Ein Mensch, wie dieser, muß auf Erden
Unfehlbar hundertjährig werden.
Das Schicksal aber, das nicht muß,
Macht unversehens mit ihm Schluß.

Das Geheimnis

Ein Mensch bemerkt oft, tief ergrimmt,
Daß irgendwas bei ihm nicht stimmt.
Jedoch, woran es ihm gebricht,
Er findets nicht und findets nicht.
Und ohne es entdeckt zu haben,
Stirbt er zum Schluß und wird begraben;
Schad, daß er nicht mehr hören kann:
Am Sarg sagts offen jedermann.

Lebe gefährlich!

Die Welt geht morgen vielleicht unter.
Wir sind, verhältnismäßig, munter –
Vielmehr, ganz unverhältnismäßig!
Vergnügungssüchtig und gefräßig,
Neugierig, harmlos, guter Dinge –
Als ob die Welt *nicht* unterginge.
Der Nachwelt ist dann unerklärlich,
Wie wir, gefährdet und gefährlich,
Geschritten, doch wohl ahnungslos,
Durch diese Zeiten, riesengroß.
Nichts da! Wir habens schon gewußt! –
Wir haben leider halt gemußt;
Und mit der größten Zeit verweben
Die kleinsten Zeiten sich zum Leben.
Doch wie, im Kampf an allen Fronten,
Wir trotzdem uns behaupten konnten,
Wird – suchts auch mancher zu beschreiben –
Ein ewiges Geheimnis bleiben!

Vorsicht

Ein Mensch, der – weil ers längst erprobt –
Den Tag nie vor dem Abend lobt,
Lernt selbst am Abend noch zu zittern:
Denn oft kommts auch zu Nachtgewittern.

Rückstand

Ein Mensch am schwersten wohl verschmerzt
Das Glück, das er sich selbst verscherzt.
Kann sein, es war kein echtes Glück,
Doch echter Ärger bleibt zurück.

Vergebliches Heldentum

Ein Mensch, sonst von bescheidnem Glücke,
Merkt plötzlich, daß mit aller Tücke
Aushungern ihn das Schicksal will:
Es wird um ihn ganz seltsam still,
Die kleinsten Dinge gehn ihm schief,
Die Post bringt nie mehr einen Brief,
Es schweigt sogar das Telefon,
Die Freunde machen sich davon,
Die Frauen lassen ihn allein,
Der Steuerbote stellt sich ein,
Ein alter Stockzahn, der links oben,
Fängt unvermutet an zu toben,
Ein Holzschnitt, für viel Geld erworben,
Ist, wie er jetzt erst merkt, verdorben
Und auch kein echter Toyokuni:
Es regnet, hagelt, schneit im Juni,
Die Zeitung meldet schlimme Sachen,
Kurzum – der Mensch hat nichts zu lachen.
Er lacht auch nicht. Jedoch er stellt
Dem tückischen Schicksal sich als Held:
Auf Freund und Frau verzichtet er,
Das Telefon vernichtet er,
Umgehend zahlt er seine Steuer,
Den Holzschnitt wirft er in das Feuer,

Und reißen läßt er sich den Zahn:
Was menschenmöglich, ist getan.
Und trotzdem geht es schlimm hinaus:
Das Schicksal hält es länger aus.

Für Wankelmütige

Ein Mensch, der alle Menschen plagt
Und sie um ihre Meinung fragt,
Was sie an seiner Stelle täten,
Steht nun bepackt mit guten Räten
Und ist mit weggeliehnem Ohr
Noch unentschlossner als zuvor.
Denn dies ist seines Unglücks Quelle,
Daß keiner ja an seiner Stelle,
Wo es um die Entscheidung geht,
Von jenen andern wirklich steht,
Nein, daß ein jeder nur die Gründe
Erwogen, falls er dorten stünde.
Der Mensch zieht draus den klaren Schluß,
Daß man sich selbst entscheiden muß.

Der Mißgelaunte

Ein Mensch beklagt, schier seelisch blind,
Daß er am Leben nichts mehr find.
Er hab, liegt er uns in den Ohren,
Auf dieser Welt nichts mehr verloren.
Doch wie würd er der Antwort fluchen:
Dann hab er auch nichts mehr zu suchen.

Frau Welt

Ein Mensch bezahlt – und wird verlacht! –
Oft Zechen, die er nicht gemacht.
Ein Unmensch – der damit noch prahlt! –
Macht Zechen, die er nicht bezahlt.
Frau Welt davon Notiz nicht nimmt:
Hauptsache, daß die Kasse stimmt!

Der Nichtskönner

Ein Mensch, in einem jähen Strudel
Von widerwärtigem Lobgehudel
Emporgeschleudert wild und weit,
Steigt in den Glanz der Ewigkeit.
Doch in der Region der Gletscher
Gefriert das eitle Lobgeplätscher.
Der Mensch, umragt von Geistesriesen,
ist auf sich selber angewiesen
Und fühlt, im Innersten verstört,
Daß er nicht recht hierher gehört.
Arm und verlassen hockt er droben.
Doch wer kann ihn herunterloben?

Ein Gleichnis

Ein Mensch beäugt im halben Traum
Die Lichter still am Weihnachtsbaum.
Und Wehmut schleicht sich ihm ins Herze,
Wie Kerze niederbrennt um Kerze.
Oft sind es grad die starken, stolzen,
Die unverhofft hinweggeschmolzen.
Zuletzt sind sechse oder sieben
Als arme Stümpflein übrigblieben.
Der Mensch, nicht aberglaubenfrei,
Sucht eins, daß es das seine sei.
Hoch oben flackert eins und lischt,
Tief unten raucht eins und verzischt.
Ein drittes blau nach Luft noch schnappt –
Schon ist sein Wachs davongeschwappt.
Doch seines, wies auch knisternd keucht,
Erhebt sich neu zu Goldgeleucht.
Die Schatten werden riesengroß –
Das eine – seine – hält sich bloß.
Ein letztes Tasten noch des Lichts –
Dann kommt das ungeheure Nichts.
Der Mensch entreißt sich seinem Wahn –
Und knipst die Deckenlampe an …

Pech

Ein Mensch, geschniegelt und gebügelt,
Geht durch die Stadt, vom Wunsch beflügelt,
Daß er, als angesehner Mann
Auch angesehn wird, dann und wann.
Jedoch der Gang bleibt ungesegnet:
Dem Menschen ist kein Mensch begegnet.
Geflickt, zerrauft, den Kragen nackt,
Mit einem Rucksack wüst bepackt,
Den Mund mit Schwarzbeermus verschmiert
Und, selbstverständlich, schlecht rasiert,
Hofft unser Mensch, nach ein paar Tagen,
Sich ungesehen durchzuschlagen.
Jedoch vergeblich ist dies Hoffen:
Was treffbar ist, wird angetroffen!
Ein General, ein Präsident,
Dem Menschen in die Arme rennt,
Die Jungfrau, die er still verehrt,
Errötend seine Spuren quert.
Zuletzt – der liebe Gott verschon ihn! –
Kommt, mit dem Hörrohr, die Baronin:
Und jedermann bleibt stehn und schaut,
Warum der Lümmel schreit so laut.
Der Mensch, schon im Verfolgungswahn,
Schlüpft rasch in eine Straßenbahn,

Um sich, samt seinen heutigen Mängeln,
Dem Blick Bekannter zu entschlängeln.
Hier, wo er sich geborgen meint,
Steht stumm sein alter Jugendfeind.
Sein Auge fragt, als wollt es morden:
«Na, Mensch, was ist aus Dir geworden!?»

Versagen der Heilkunst

Ein Mensch, der von der Welt Gestank
Seit längrer Zeit schwer nasenkrank,
Der weiterhin auf beiden Ohren
Das innere Gehör verloren
Und dem zum Kotzen ebenfalls
Der Schwindel raushängt schon zum Hals,
Begibt sich höflich und bescheiden
Zum Facharzt für dergleichen Leiden.
Doch dieser meldet als Befund,
Der Patient sei kerngesund,
Die Störung sei nach seiner Meinung
Nur subjektive Zwangserscheinung.
Der Mensch verlor auf dieses hin
Den Glauben an die Medizin.

ZEIT

Einbildung

Wir sehn mit Grausen ringsherum:
Die Leute werden alt und dumm.
Nur wir allein im weiten Kreise,
Wir bleiben jung und werden weise.

Immer ungelegen

Ein Mensch, gemartert von der Hitze,
Fleht dürstend nach dem ersten Blitze.
Ein Wolkenbruch wär selbst gesegnet:
Zwölf Wochen lang hats nicht geregnet.
Jetzt endlich braut sich was zusammen:
Es schlagen die Gewitterflammen
Schon in den Himmel eine Bresche –
Doch, wie?! Der Mensch hat große Wäsche!
Nur heute, lieber Gott, halt ein
Und laß nochmal schön Wetter sein!
Der Tod, der Gläubiger, der Regen,
Die kommen immer ungelegen:
Rechtzeitig zweifellos an sich –
Doch nie zur rechten Zeit für Dich!

Die Uhr

Ein Mensch, das ehrt den treuen, frommen –
Läßt nie auf seine Uhr was kommen,
Die seit dem Tag, da er gefirmt,
Ihn und sein Tagewerk beschirmt.
Wo er auch ist, macht er sich wichtig:
Er selbst und seine Uhr gehn richtig.
Doch plötzlich frißt die Uhr die Zeit
Nicht mit gewohnter Pünktlichkeit,
Der Mensch erlebt die bittre Schmach,
Daß man ihm sagt, die Uhr geht nach.
Da wird ihm selbst, der immer nur
Genau gelebt hat, nach der Uhr,
Erschüttert jegliches Vertrauen:
Er kann die Zeit nicht mehr verdauen!

Lauf der Zeit

Ein Mensch geht freudig mit der Zeit,
Doch kommt er bald in Schwierigkeit:
Die Weltuhr rascher perpendikelt,
Als er sich hin- und herentwickelt.
Kaum kommt er also aus dem Takt,
Hat ihn das Pendel schon gepackt.
Ein Unmensch aber, der indessen
Weltuhrenabseits still gesessen
Auf unerschüttertem Gesäß,
Spricht mild: «Es war nicht zeitgemäß!»

Börse des Lebens

Ein Mensch, wie uns der Weltlauf lehrt,
Schwankt ungemein in seinem Wert.
Wenn er auch selber kaum sich wandelt:
Zum Tageskurs wird er gehandelt,
Und es ist nicht vorauszusehn,
Wie morgen seine Aktien stehn.
Er wähnt sich fest und steht doch kurz
Vor einem großen Börsensturz,
Bleibt lustlos und erholt sich wieder
Und wird, im ewigen Auf und Nieder,
Was er zu hoffen nicht gewagt,
Ganz stürmisch – ohne Grund – gefragt.
Dann legt er selbst sich hin zum Sterben. –
Ein Weilchen handeln noch die Erben,
Bis er sich in der Zeit verliert:
Nicht an der Börse mehr notiert.

Bange Frage

Ein Mensch, ungläubig und verrucht,
Dummdreist das Ewige verflucht.
Was aber wird ihm wohl begegnen,
Muß er das Zeitliche einst segnen?

Der Termin

Ein Mensch, der sich, weils weit noch hin,
Festlegen ließ auf den Termin,
Sieht jetzt, indes die Wochen schmelzen,
Die schwere Last sich näher wälzen.
Er sucht nach Gründen abzusagen,
Er träumt, noch in den letzten Tagen,
Wie einst als Schulbub, zu entwischen:
Ein schwerer Unfall käm dazwischen ...
Umsonst – es bleibt ein leerer Wahn:
Der schicksalsvolle Tag bricht an! –
Und geht dann doch vorüber, gnädig.
Der Mensch ist froh, der Sorgen ledig.
Er schwört, er hab daraus gelernt –
Doch wie sich Tag um Tag entfernt,
Hat Angst und Qualen er vergessen –
Und läßt sich unversehens pressen
Zu noch viel scheußlicherm Termin –
Denn es ist weit und weit noch hin.

Ausgerechnet …

Ein Mensch, von kleinauf, wird belehrt,
Daß sich sein Leben selbst erschwert,
Wer, statt daß er am Schopf sie faßt,
Stets die Gelegenheit verpaßt,
Nun endlich, voll Verwegenheit,
Ergreift er die Gelegenheit.
Erst viel zu spät wird es ihm klar,
Daß diesmal just es keine war.

Die guten Vierziger

Das Leben, meint ein holder Wahn,
Geht erst mit vierzig Jahren an.
Wir lassen uns auch leicht betören
Von Meinungen, die wir gern hören,
Und halten, längst schon vierzigjährig,
Meist unsre Kräfte noch für bärig.
Was haben wir, gestehn wirs offen,
Von diesem Leben noch zu hoffen?
Ein Weilchen sind wir noch geschäftig
Und vorderhand auch steuerkräftig,
Doch spüren wir, wie nach und nach
Gemächlich kommt das Ungemach
Und wie Hormone und Arterien
Schön langsam gehen in die Ferien.
Man nennt uns rüstig, nennt uns wacker
Und denkt dabei: «Der alte Knacker!»
Wir stehn auf unsres Lebens Höhn,
Doch ist die Aussicht gar nicht schön,
Ganz abgesehn, daß auch zum Schluß –
Wer droben, wieder runter muß.
Wer es genau nimmt, kommt darauf:
Mit vierzig hört das Leben auf.

Zwischen den Zeiten

Ein Mensch lebt noch mit letzter List
In einer Welt, die nicht mehr ist.
Ein andrer, grad so unbeirrt,
Lebt schon in einer, die erst wird.

Weltlauf

Ein Mensch, erst zwanzig Jahre alt,
Beurteilt Greise ziemlich kalt
Und hält sie für verkalkte Deppen,
Die zwecklos sich durchs Dasein schleppen.
Der Mensch, der junge, wird nicht jünger:
Nun, was wuchs denn auf *seinem* Dünger?
Auch er sieht, daß trotz Sturm und Drang,
Was er erstrebt, zumeist mißlang,
Daß auf der Welt als Mensch und Christ
Zu leben nicht ganz einfach ist,
Hingegen leicht, an Herrn mit Titeln
Und Würden schnöd herumzukritteln.
Der Mensch, nunmehr bedeutend älter,
Beurteilt jetzt die Jugend kälter,
Vergessend frühres Sich-Erdreisten:
«Die Rotzer sollen erst was leisten!»
Die neue Jugend wiedrum hält ...
Genug – das ist der Lauf der Welt!

Wandlung

Ein Mensch führt, jung, sich auf wie toll:
Er sieht die Welt, wie sie sein soll.
Doch lernt auch er nach kurzer Frist,
Die Welt zu sehen, wie sie ist.
Als Greis er noch den Traum sich gönnt,
Die Welt zu sehn, wie sie sein könnt.

SEELENKONTEN

Leib und Seele

Ein Mensch mißachtet die Befehle
Des bessern Ich, der zarten Seele –
Bis die beschließt, gekränkt zu schwer:
Mit dem verkehre ich nicht mehr.
Sie lebt seitdem, verbockt und stumm,
Ganz teilnahmslos in ihm herum.

Ein Experiment

Ein Mensch, der es noch nicht gewußt hat,
Daß er zwei Seelen in der Brust hat,
Der schalte ohne Zwischenpause
Die kalte auf die warme Brause,
Wobei er schnatternd schnell entdeckt:
Die sündige Seele wird erschreckt.
Doch wächst im kalten Strahl die Kraft
Der Seele, welche heldenhaft.
Kurz, er stellt fest, wie sich die beiden
Sonst eng verbundnen Seelen scheiden.
Hat er nun überzeugt sich klar
Von dem, was zu beweisen war,
So mache er die minder grobe,
Ja, höchst erwünschte Gegenprobe:
Die Wärme bringt ihm den Genuß,
Er fühlt sich wie aus einem Guß.

So ist das Leben

Ein Mensch lebt friedlich auf der Welt,
Weil fest und sicher angestellt.
Jedoch so Jahr um Jahr, wenns lenzt,
Fühlt er sich sklavenhaft begrenzt
Und rasselt wild mit seinen Ketten,
Als könnt er so die Seele retten
Und sich der Freiheit und dem Leben
Mit edlem Opfermut ergeben.
Jedoch bei näherer Betrachtung
Spielt er nur tragische Verachtung
Und schluckt, kraft höherer Gewalt,
Die Sklaverei und das Gehalt.
Auf seinem kleinen Welttheater
Mimt schließlich er den Heldenvater
Und denkt nur manchmal noch zurück
An das einst oft geprobte Stück,
Das niemals kam zur Uraufführung.
Und er empfindet tiefe Rührung,
Wenn er die alte Rolle spricht
Vom Mann, der seine Ketten bricht.

Leider

Ein Mensch sieht schon seit Jahren klar:
Die Lage ist ganz unhaltbar.
Allein – am längsten, leider, hält
Das Unhaltbare auf der Welt.

Das Bessere

Ein Mensch denkt logisch, Schritt für Schritt.
Jedoch, er kommt nicht weit damit.
Ein andrer Mensch ist besser dran:
Er fängt ganz schlicht zu glauben an.
Im Staube bleibt Verstand oft liegen –
Der Glaube aber kann auch fliegen!

Voreilige Grobheit

Ein Mensch, der einen Brief geschrieben,
Ist ohne Antwort drauf geblieben
Und fängt nun, etwa nach vier Wochen,
Vor Wut erheblich an zu kochen.
Er schreibt, obgleich er viel verscherzt,
Noch einen Brief, der sehr beherzt,
Ja, man kann sagen voller Kraft,
Ganz ehrlich: äußerst flegelhaft!
Nun nimmt das Schicksal seinen Lauf.
Denn diesen Brief gibt er auch auf!
Die Post wird pünktlich ihn besorgen –
Doch siehe da, am nächsten Morgen
Ist leider, wider alles Hoffen,
Bei ihm die Antwort eingetroffen,
In der von jenem Herrn zu lesen,
Er sei so lang verreist gewesen,
Nun aber sei er wieder hiesig
Und freue sich daher ganz riesig,
Und er – der Mensch – könnt mit Vergnügen
Nach Wunsch ganz über ihn verfügen.
Der Mensch, der mit dem Brief, dem groben,
Sein Seelenkonto abgehoben,
Nein, noch viel tiefer sich versündigt:
Das Los zum Ziehungstag gekündigt,

Schrieb noch manch groben Brief im Leben –
Doch ohne ihn dann aufzugeben!

Umgekehrt

Ein Mensch wird «Pessimist» geschmäht,
Der düster in die Zukunft späht.
Doch scheint dies Urteil wohl zu hart:
Die Zukunft ists, die düster starrt!

Zeitgemäß

Ein Mensch, der mit Descartes gedacht,
Daß Denken erst das Leben macht,
Gerät in Zeiten, wo man Denker
Nicht wünscht – und wenn, dann nur
zum Henker.
Er kehrt den alten Lehrsatz um
Und sagt: Non cogito, ergo sum!

Windige Geschichte

Ein Mensch sieht, wie ein Unmensch wacker
Wind aussät auf der Zeiten Acker,
Und sagt den Spruch ihm, den gelernten:
«Freund», spricht er, «Du wirst Sturm hier ernten!»
Doch redet er, wie man errät,
Nur in den Wind, den jener sät,
Ja, mehr noch, in den unbewegt
Der Unmensch solche Warnung schlägt.
Der Sturm geht später in der Tat
Wild auf aus jener Windessaat.
Der Unmensch flieht – der Mensch allein
Bringt jetzt die schlimme Ernte ein.

Ahnungslos

Ein Mensch hört staunend und empört,
Daß er, als Unmensch, alle stört:
Er nämlich bildet selbst sich ein,
Der angenehmste Mensch zu sein.
Ein Beispiel macht Euch solches klar:
Der Schnarcher selbst schläft wunderbar.

Denker

Ein Mensch ist sonst ein Denk-Genie.
Nur eins: an andre denkt er nie!

MORAL

Ein Mensch nimmt, guten Glaubens, an,
Er hab das Äußerste getan.
Doch leider Gotts versäumt er nun,
Auch noch das Innerste zu tun.

Gut gedrillt

Ein Mensch steht stumm, voll schlechter Laune,
An einem hohen Gartenzaune
Und müht sich mit gestreckten Zehen,
In dieses Paradies zu sehen,
Und schließt aus dem erspähten Stück:
Hier wohnt der Reichtum, wohnt das Glück.
Der Sommer braust im hohen Laub,
Der Mensch schleicht durch den Straßenstaub
Und denkt, indes er sich entfernt,
Was in der Schule er gelernt:
Daß bloßer Reichtum nicht genügt,
Indem daß oft der Schein betrügt.
Der Mensch ist plötzlich so bewegt,
Daß Mitleid heiß sich in ihm regt
Mit all den armen reichen Leuten –
Er weiß es selber kaum zu deuten.
Doch wir bewundern wieder mal
Dies Glanzdressurstück der Moral.

Einleuchtende Erklärung

Ein Mensch, der sich sehr schlecht benahm,
Spürt zwar in tiefster Seele Scham.
Jedoch, sofern er kein Gerechter,
Benimmt er fortan sich noch schlechter,
Weil du für seine falsche List
Ein, wenn auch stummer, Vorwurf bist.
Dies ist der Grundsatz, dem er huldigt:
«Es klagt sich an, wer sich entschuldigt!»
Auch ist ihm dieser Wahlspruch lieb:
«Die beste Abwehr ist der Hieb!»
Und, da er dich einmal beleidigt,
Bleibt ihm nur, daß er sich verteidigt,
Indem er, sich in dir betrachtend,
In dir sein Spiegelbild verachtend,
Dasselbe zielbewußt verrucht
Endgültig zu zertrümmern sucht.

Unter Aufsicht

Ein Mensch, der recht sich überlegt,
Daß Gott ihn anschaut unentwegt,
Fühlt mit der Zeit in Herz und Magen
Ein ausgesprochnes Unbehagen
Und bittet schließlich Ihn voll Grauen,
Nur fünf Minuten wegzuschauen.
Er wolle unbewacht, allein
Inzwischen brav und artig sein.
Doch Gott, davon nicht überzeugt,
Ihn ewig unbeirrt beäugt.

Das Böse

Ein Mensch pflückt, denn man merkt es kaum,
Ein Blütenreis von einem Baum.
Ein andrer Mensch, nach altem Brauch,
Denkt sich, was der tut, tu ich auch.
Ein dritter, weils schon gleich ist, faßt
Jetzt ohne Scham den vollen Ast.
Und sieh, nun folgt ein Heer von Sündern,
Den armen Baum ganz leer zu plündern.
Von den Verbrechern war der erste,
Wie wenig er auch tat, der schwerste.
Er nämlich übersprang die Hürde
Der unantastbar reinen Würde.

Das Mitleid

Ein Mensch, den andre nicht gern mögen,
Den von des Lebens Futtertrögen
Die Glücklicheren, die Starken, Großen
Schon mehr als einmal fortgestoßen,
Steht wieder mal, ein armes Schwein,
Im Kampf ums Dasein ganz allein.
Daß er uns leid tut, das ist klar:
Sofern es *unser* Trog nicht war …

Einschränkung

Ein Mensch, von Milde angewandelt,
Will, daß man Lumpen zart behandelt,
Denn, überlegt man sichs nur reiflich,
Spitzbübereien sind begreiflich.
Den Kerl nur, der ihm selbst einmal
Die goldne Uhr samt Kette stahl,
Den soll – an Nachsicht nicht zu denken! –
Man einsperrn, prügeln, foltern, henken!

Einsicht

Ein Mensch beweist uns klipp und klar,
Daß er es eigentlich nicht war.
Ein andrer Mensch mit Nachdruck spricht:
Wer es auch sei – ich war es nicht!
Ein dritter läßt uns etwas lesen,
Wo drinsteht, daß ers nicht gewesen.
Ein vierter weist es weit von sich:
Wie? sagt er, was? Am Ende ich?
Ein fünfter überzeugt uns scharf,
Daß man an ihn nicht denken darf.
Ein sechster spielt den Ehrenmann,
Der es gewesen nicht sein kann.
Ein siebter – kurz, wir sehens ein:
Kein Mensch will es gewesen sein.
Die Wahrheit ist in diesem Falle:
Mehr oder minder warn wirs alle!

Für Gußeiserne

Ein Mensch – daß ich nicht Unmensch sag –
Meint: «Alles kann man, wenn man mag.»
Vielleicht – doch gibts da viele Grade:
Auch mögen-können ist schon Gnade!

Metaphysisches

Ein Mensch erträumt, was er wohl täte,
Wenn wieder er die Welt beträte.
Dürft er zum zweiten Male leben,
Wie wollt er nach dem Guten streben
Und streng vermeiden alles Schlimme!
Da ruft ihm zu die innre Stimme:
«Hör auf mit solchem Blödsinn, ja?!
Du bist zum zwölften Mal schon da!»

Halbes Glück

Ein Mensch, vom Glücke nur gestreift,
Greift hastig zu, stürzt, wird geschleift,
Kommt unters Rad, wird überfahren –
Dergleichen kannst Du Dir ersparen,
Wenn Du nicht solche Wege gehst,
Wo Du dem Glück im Wege stehst.

Das Gewissen

Ein Mensch, von bangen Zweifeln voll,
Ist unentschlossen, was er soll.
Ha, denkt er da in seinem Grimme:
Wozu hab ich die innre Stimme?
Er lauscht gespannten Angesichts –
Jedoch, er hört und hört halt nichts.
Er horcht noch inniger und fester:
Nun tönt es wild wie ein Orchester.
Wo wir an sich schon handeln richtig,
Macht sich die innere Stimme wichtig.
Zu sagen uns: Du sollst nicht töten,
Ist sie nicht eigentlich vonnöten.
Doch wird sie schon beim Ehebrechen
Nicht mehr so unzweideutig sprechen.
Ja, wenn es klar in uns erschölle:
Hier spricht der Himmel, hier die Hölle!
Doch leider können wir vom Bösen
Das Gute gar nicht trennscharf lösen.
Ists die Antenne, sinds die Röhren,
Die uns verhindern, gut zu hören?
Ists, weil von unbekanntem Punkt
Ein schwarzer Sender zwischenfunkt?
Der Mensch, umschwirrt von so viel Wellen,
Beschließt, die Stimme abzustellen.

Gleichviel, ob er das Richtge tue,
Hat er zum mindesten jetzt Ruhe.

Überlegung

Ein Mensch, der kindlich, ohne Spott,
Gefürchtet sich vorm lieben Gott,
Weil dessen Auge, Tag und Nacht,
Ihn unerbittlich streng bewacht: –
Jetzt, als Erwachsner, sich gesteht:
Der liebe Gott ist indiskret!

MITMENSCHEN

Mitmenschen

Ein Mensch schaut in der Straßenbahn
Der Reihe nach die Leute an:
Jäh ist er zum Verzicht bereit
Auf jede Art Unsterblichkeit.

Nächstenfurcht

Was immer einer denk und tu,
Das trau er auch dem andern zu.
Und er beherzige, vorsichtshälber:
«Fürcht deinen Nächsten wie dich selber!»

Die guten Bekannten

Ein Mensch begegnet einem zweiten.
Sie wechseln Förm- und Herzlichkeiten,
Sie zeigen Wiedersehensglück
Und gehn zusammen gar ein Stück.
Und während sie die Stadt durchwandern,
Sucht einer heimlich von dem andern
Mit ungeheurer Hinterlist
Herauszubringen, wer er ist.
Daß sie sich kennen, das steht fest,
Doch äußerst dunkel bleibt der Rest.
Das Wo und Wann, das Wie und Wer,
Das wissen alle zwei nicht mehr.
Doch sind sie, als sie nun sich trennen,
Zu feig, die Wahrheit zu bekennen.
Sie freun sich, daß sie sich getroffen;
Jedoch im Herzen beide hoffen,
Indes sie ihren Abschied segnen,
Einander nie mehr zu begegnen.

Schlechter Trost

Ein Mensch glaubt, daß in seiner Stadt
Es Lumpen mehr als sonstwo hat.
Doch gibts noch größre, weit entfernt –
Nur, daß er die nicht kennen lernt!

Immer höflich

Ein Mensch grüßt, als ein Mann von Welt,
Wen man ihm einmal vorgestellt.
Er trifft denselben äußerst spärlich,
Wenns hochkommt, drei- bis viermal jährlich,
Und man begrinst sich, hohl und heiter,
Und geht dann seines Weges weiter.
Doch einmal kommt ein schlechter Tag,
Wo just der Mensch nicht grinsen mag;
Und er geht stumm und starr vorbei,
Als ob er ganz wer andrer sei.
Doch solche Unart rächt sich kläglich:
Von Stund an trifft er jenen täglich.

Am Strom der Zeit

Ein Mensch – gewiß, der Mensch tat übel! –
Trägt seinen kleinen Unratkübel
An das Geländer einer Brücke;
Doch geht der Kübel dran in Stücke.
Der Mensch, mit Jauche arg begossen,
Bleibt Abscheu aller Zeitgenossen.
Ein Unmensch geht zum gleichen Zwecke
Zur Brücke hin mit seinem Drecke;
Und siehe da, die Tat gelingt –
So, daß der Unmensch nicht mehr stinkt.
Er stellt sich dreist zu all den Leuten,
Die strafend auf den Menschen deuten.

Gewissenserforschung

Ein Mensch, statt daß er sich beklag
Darüber, daß kein Mensch ihn mag,
Prüf, als Gerechter, vorher sich:
«Genaugenommen – wen mag ich?!»

Gutmütigkeit

Wir nennen einen Menschen gut,
Der, was wir von ihm möchten, tut
Und drum – erbost zwar oft im stillen –
Verzichtet auf den eignen Willen.
Es sind gerade die Gefälligen,
Die wir mit jedem Dreck behelligen.
Sie werden, weich und ungeschützt,
Von jedem schamlos ausgenützt.
Sie wähnen sich geheilt für immer
Oft nach Erfahrung, allzu schlimmer;
Ja, sie bekennen selber frei,
Daß ihre Dummheit sträflich sei.
Und doch: sehn sie auch alles klar –
Gutmütigkeit ist unheilbar!

Die Liste

Ein Mensch, der ohne jeden Grund
Auf einer schönen Liste stund,
Stand dadurch zugleich hoch in Gnaden
Und ward geehrt und eingeladen.
Ein andrer Mensch, der auch von wem,
Gleichgültig, obs ihm angenehm,
Auf eine Liste ward gesetzt,
Bezahlt es mit dem Leben jetzt.
Moral ist weiter hier entbehrlich:
Auf Listen stehen ist gefährlich.

Μηδεν ἄγαν*

Ein Mensch, nicht mit Gefühlen geizend,
Scheint auf den ersten Blick uns reizend.
Bald aber geht es uns zu weit:
Er überströmt von Herzlichkeit
Und strömt und strömt so ungehemmt,
Daß er die Menschen von sich schwemmt.
Und jeder flieht, sieht er den Guten
Von weitem nur vorüberfluten.

*Nichts im Übermaß

Undank

Ein Mensch, obwohl er selbst kaum satt,
Gibt gern vom Letzten, was er hat.
Jedoch der Dank für solche Gaben?
«Wie viel muß der gehamstert haben!»

Immer dasselbe

Ein Mensch vor einer Suppe hockt,
Die ihm ein Unmensch eingebrockt.
Er löffelt sie, gewiß nicht froh –
Der Unmensch, der ist wer weiß wo
Und hofft, man würd auf ihn vergessen.
Kaum ist die Suppe ausgefressen,
Kommt er zurück von ungefähr,
Als ob er ganz wer andrer wär,
Und brockt, bescheiden erst und klein,
Die nächste Suppe wieder ein.
Der Mensch, machts auch der Unmensch plump,
Sieht nicht: Es ist der alte Lump!
Bis ihm vom Auge fällt die Schuppe,
Sitzt er vor einer neuen Suppe!

KOMMUNIKATION

Lebhafte Unterhaltung

Ein Mensch, von Redeflut umbrandet,
Hätt seine Weisheit gern gelandet,
Ein feines Wort, mit Witz gewürzt …
Jedoch, die Unterhaltung stürzt
Dahin und treibt samt seinem Wort
Ihn wild ins Uferlose fort.
Er schreit: «Darf ich dazu bemerken …»
Doch schon mit neuen Sturmwindstärken
Wird vom Gespräch, das braust und sprudelt,
Gewaltsam er hinweggetrudelt.
Er schnappt nach Luft und möchte sprechen,
Doch immer neue Sturzseen brechen
Auf ihn herein, er muß ertrinken,
Kann bloß noch mit den Händen winken
Und macht zuletzt nur noch den matten
Versuch zu keuchen: «Sie gestatten …»
Schiffbrüchig an sein Wort geklammert,
Der Mensch jetzt endlich einen jammert,
Der ihn aus des Gespräches Gischt
Im letzten Augenblicke fischt,
Gewissermaßen packt beim Kragen:
«Sie wollten, glaub ich, auch was sagen?!»
Das Sturmgespräch hat ausgewittert:
Der Mensch schweigt witzlos und verbittert …

Unerwünschter Besuch

Ein Mensch, der sich zu Hause still
Was Wunderschönes dichten will,
Sucht grad auf Lenz sich einen Reim,
Als in das sonst so traute Heim
Ein Mann tritt, welchen er zu treten
In keiner Weise hat gebeten.
«Ich seh», sagt dieser, «daß ich störe.
Sie schreiben grade – nun, ich schwöre,
Sie gar nicht lange aufzuhalten,
Ich weiß, man will ein Werk gestalten,
Ist just an einer schweren Stelle –
Da tritt ein Fremdling auf die Schwelle.
Ich komm nicht, Sie zu unterbrechen,
Ich will nur knapp zwei Worte sprechen.
Nur keine Bange – fünf Minuten,
Ich denk nicht, Ihnen zuzumuten,
Mir mehr zu opfern. Zeit ist Geld,
Und Geld ist rar heut auf der Welt.»
Der Mann noch weiterhin bekräftigt,
Er wisse, wie der Mensch beschäftigt,
Und sei darum von ganzer Seele
Bedacht, daß er nicht Zeit ihm stehle.
Der Mensch wird, etwa nach drei Stunden,
Zerschwätzt an seinem Tisch gefunden.

Das Ferngespräch

Ein Mensch spricht fern, geraume Zeit,
Mit ausgesuchter Höflichkeit,
Legt endlich dann, mit vielen süßen
Empfehlungen und besten Grüßen
Den Hörer wieder auf die Gabel –
Doch tut er nochmal auf den Schnabel
(Nach all dem freundlichen Gestammel),
Um dumpf zu murmeln: Blöder Hammel!
Der drüben öffnet auch den Mund
Zu der Bemerkung: Falscher Hund!
So einfach wird oft auf der Welt
Die Wahrheit wiederhergestellt.

Nur ein Vergleich

Ein Mensch hat irgendwann und – wo,
Vielleicht im Lande Nirgendwo,
Vergnügt getrunken und geglaubt,
Der Wein sei überall erlaubt.
Doch hat vor des Gesetzes Wucht
Gerettet ihn nur rasche Flucht.
Nunmehr im Land Ixypsilon
Erzählt dem Gastfreund er davon:
Ei, lächelt der, was Du nicht sagst?
Hier darfst Du trinken, was Du magst!
Der Mensch ist bald, vom Weine trunken,
An einem Baume hingesunken.
Wie? brüllte man, welch üble Streiche?
So schändest Du die heilge Eiche?
Er ward, ob des Verbrechens Schwere,
Verdammt fürs Leben zur Galeere
Und kam, entflohn der harten Schule,
Erschöpft ins allerletzte Thule.
Ha! lacht man dorten, das sind Träume!
Hier kümmert sich kein Mensch um Bäume.
Der Mensch, von Freiheit so begnadet,
Hat sich im nächsten Teich gebadet.
So, heißts, wird Gastfreundschaft mißnutzt?
Du hast den Götterteich beschmutzt!

Der Mensch, der drum den Tod erlitten,
Sah: andre Länder, andre Sitten.

Briefe, die ihn nicht erreichten …

Ein Mensch denkt oft mit stiller Liebe
An Briefe, die er gerne schriebe.
Zum Beispiel: «Herr! Sofern Sie glauben,
Sie dürften alles sich erlauben,
So teil ich Ihnen hierdurch mit,
Daß der bewußte Eselstritt
Vollständig an mir abgeprallt –
Das weitere sagt mein Rechtsanwalt!
Und wissen Sie, was Sie mich können? …»
Wie herzlich wir dem Menschen gönnen,
An dem, was nie wir schreiben dürfen,
Herumzubasteln in Entwürfen.
Es macht den Zornigen sanft und kühl
Und schärft das deutsche Sprachgefühl.

Herstellt euch!

Ein Mensch hat einen andern gern;
Er kennt ihn, vorerst, nur von fern
Und sucht, in längerm Briefewechseln
Die Sache nun dahin zu drechseln,
Daß man einander bald sich sähe
Und kennen lernte aus der Nähe.
Der Mensch, erwartend seinen Gast,
Vor Freude schnappt er über fast.
Die beiden, die in manchem Briefe
Sich zeigten voller Seelentiefe,
Sie finden nun, vereinigt häuslich,
Einander unausstehlich scheußlich.
Sie trennen bald sich, gall- und giftlich –
Und machens seitdem wieder schriftlich.

Einladungen

Ein Mensch, der einem, den er kennt,
Gerade in die Arme rennt,
Fragt: «Wann besuchen Sie uns endlich?!»
Der andre: «Gerne, selbstverständlich!»
«Wie wär es», fragt der Mensch, «gleich
morgen?»
«Unmöglich, Wichtiges zu besorgen!»
«Und wie wärs Mittwoch in acht Tagen?»
«Da müßt ich meine Frau erst fragen!»
«Und nächsten Sonntag?» «Ach, wie schade,
Da hab ich selbst schon Gäste grade!»
Nun schlägt der andre einen Flor
Von hübschen Möglichkeiten vor.
Jedoch der Mensch muß drauf verzichten,
Just da hat er halt andre Pflichten.
Die Menschen haben nun, ganz klar,
Getan, was menschenmöglich war,
Und sagen drum: «Auf Wiedersehen,
Ein andermal wirds dann schon gehen!»
Der eine denkt, in Glück zerschwommen:
«Dem Trottel wär ich ausgekommen!»
Der andre, auch in siebten Himmeln:
«So gilts, die Wanzen abzuwimmeln!»

Verwandlung

Ein Mensch erzählt uns, leicht verschwommen,
Daß er sich einwandfrei benommen, –
Das heißt, benehmen hätte sollen
Und wohl auch hätte haben wollen.
Nun wissen wir an dessen Statt,
Daß er sich schlecht benommen hat.
Doch seltsam: auch wir selber möchten,
Daß Wunsch und Wahrheit sich verflöchten
Und jener so, wie ers wohl wüßte,
Daß sich ein Mensch benehmen müßte,
Sich in der Tat benommen hätte …
Und leicht erliegen wir der Glätte
Der immer kühnren Rednergabe:
Wie gut er sich benommen habe.

Vergeblicher Eifer

Ein Mensch, der nach Italien reiste,
Blieb doch verbunden stets im Geiste
Daheim mit seinen Lieben, zärtlich,
Was er auch kundtat, ansichtskärtlich:
Gleich bei der Ankunft in Neapel
Läßt dreißig Karten er vom Stapel
Und widmet ähnlichem Behufe
Sich auf dem Wege zum Vesuve.
Schreibt allen, die er irgend kennt,
Aus Capri, Paestum und Sorrent,
Beschickt befreundete Familien
Mit Kartengrüßen aus Sizilien,
An Hand von Listen schießt der Gute
Aus Rom unendliche Salute,
An Vorgesetzte, Untergebne
Schreibt er aus der Campagna-Ebne
Und ist nun endlich, in Firenze,
Beinah an der Verzweiflung Grenze.
Kaum kam er, bei dem Amt, dem wichtigen,
Dazu, auch selbst was zu besichtigen.
Jetzt erst, verlassend schon Venedig,
Hält er sich aller Pflicht für ledig:
Reist heim, damit er gleich, als Neffe,
Die, ach!, vergessne Tante treffe:

«Kein Mensch denkt an uns alte Leut –
Ein Kärtchen hätt mich auch gefreut!»

Wahrscheinlich

Ein Mensch hat, außer Redensarten,
Nicht mehr viel Schönes zu erwarten.

LEBENSGEFÜHL

Lebensgefühl

Ein Mensch weiß aus sich selbst nicht gleich,
Was heiß und kalt, was hart und weich.
Doch schon bei einiger Bejahrung
Hat er die nötige Erfahrung.
Er lernt dann oft mit Hilfe Dritter,
Daß Hoffnung süß, Enttäuschung bitter,
Daß Arbeit sauer, Alltag fade,
Kurz, des Geschmackes höhere Grade.
Doch wie schlechthin das Leben schmeckt,
Hat bis zum Tod er nicht entdeckt.

Schadhafte Leitung

Ein Mensch, der fühlt, wies immer klopft,
Merkt plötzlich: seine Seele tropft.
Und folgerichtig schließt er draus:
Sie hat ein Loch, sie rinnt ihm aus.
Und unverzüglich-unverzagt
Forscht er nun, wo es tropft und nagt.
Die Frage wird zuerst erledigt,
Ob er sie wie wo wann beschädigt.
Jedoch er ist, bei heiler Brust,
Sich keines solchen Falls bewußt.
Nun meint er, daß es etwa gelte,
Ob sie durch Wärme oder Kälte
Gewissermaßen selbst zersprungen?
Der Nachweis ist ihm nicht gelungen.
Wenn nicht die Hitze und der Frost,
Vielleicht, daß sie des Neides Rost,
Der Ehrsucht Säure angefressen?
Doch war auch dies nicht zu ermessen.
Undenkbar auch, daß sie an Wonnen
Geplatzt und somit ausgeronnen.
Doch während er so überlegt,
Tropft seine Seele unentwegt.
Die ausgelaufnen Seelensäfte
Zerlaugen seine besten Kräfte,

So daß er froh ist, wenn zum Schluß
Die Seele ganz verrinnen muß.
Hernach lebt er noch lange Zeit
In selbstzufriedner Trockenheit.

Das Leben

Das Leben wäre doppelt schwer,
Käms einfach nicht von selbst daher.
Eh wir recht ahnen, was es sei,
Geht es zum Glück auch selbst vorbei ...

Ein Mensch, als Tiefseefisch gebaut,
Ist mit der Finsternis vertraut.
Doch Sehnsucht treibt ihn dorthin bald,
Wo's nicht so dunkel und so kalt,
So daß er kühn nach oben schwimmt
In Kreise, nicht für ihn bestimmt.
Dort tummeln Fische sich umher,
Die weitaus schöner sind als er
Und die mit einer wunderleichten
Bewegtheit spielen hier im Seichten.
Der Mensch, vielmehr der Tiefseefisch,
Fühlt sich hingegen gar nicht frisch
Und ist, indem er glotzend staunt,
In dieser Welt nicht wohlgelaunt
Und kehrt, selbst fühlend, daß er stört,
Dorthin zurück, wo er gehört.
Womit sogar von Paradiesen
Die Rela-Tiefe ist bewiesen.

Aussichten

Ein Mensch, erfüllt von fortschrittsblanken,
Stromlinienförmigen Gedanken,
Durcheilte froh die Zeit und fand
Nicht den geringsten Widerstand.
Er lebte gut und lebte gern,
Denn er war durch und durch modern.
Sein Sohn ist, lebend gegenwärtig,
Bereits so gut wie büchsenfertig.
Sein Enkel, wenn er sich dran hält,
Kommt schon in Weißblech auf die Welt.

Falsche Herausforderung

Ein Mensch, so grade in der Mitten,
Nicht just verehrt, doch wohlgelitten,
Zwingt, anstatt still sein Los zu leiden,
Schroff Freund und Frau, sich zu entscheiden.
Und jene, die viel lieber lögen,
Erklären, daß sie ihn wohl mögen,
Jedoch, sollt klar gesprochen sein,
Dann sagten sie doch lieber nein.
Der Mensch, sonst nach Gebühr geduldet,
Hat dieses Urteil selbst verschuldet:
Denn es gibt Dinge auf der Welt,
Die man nicht auf die Probe stellt,
Weil sie, wie, ach, so viel im Leben
Sich halten lassen nur im Schweben.

Trost

Ein Mensch, entschlußlos und verträumt,
Hat wiederholt sein Glück versäumt.
Doch ist der Trost ihm einzuräumen:
Man kann sein *Unglück* auch versäumen.

Der Waldgänger

Ein Mensch im Wald ging für sich hin,
Und nichts zu suchen war sein Sinn.
Doch welch ein Glück! Ein Steinpilz stand,
Ein Prachtstück, dicht am Wegesrand.
Der Mensch, nun schon voll Sucherdrang,
Trug ihn in Händen, stundenlang. –
Dann endlich sah er seufzend ein,
Wie wertlos solch ein Pilz allein.
Er warf ihn fort, ging unfroh weiter:
Da stand, nicht ganz so schön, ein zweiter.
Der Mensch, vom ersten Fall gewitzt,
Daß man mit *einem* – nichts besitzt,
Verzichtete und ließ ihn stehen,
Zumals schon Zeit war heimzugehen.
Doch tretend aus des Waldes Mitten,
Sah unverhofft er einen dritten:
Den pflückte er, mit wildem Eifer. –
Doch wie er auch, als Forstdurchstreifer,
Jetzt schwitzend durch das Dickicht hetzte,
Der dritte, kleinste, blieb der letzte.
Den hat er müde, in der Nacht,
Von seinem Waldgang heimgebracht.
Um die Moral nicht zu versäumen:
Glück in zu weiten Zwischenräumen –

Und schiene es auch einzeln groß –
Beunruhigt unsre Seele bloß ...

Mein Urgroßvater war einst schon
In Rußland mit Napoleon
Und sagte – neunzig Jahre alt –,
Gefragt, wies war, ein Wort nur: *«Kalt!»*
Genau genommen war das klug:
Es wußte jedermann genug.
Auch wir sind ähnlich eingestellt.
Und schon, daß man der schnöden Welt
Die Neugier einmal abgewöhn',
Erklärn wir kurz und bündig: *«Schön!»*
Und sehn, daß Freund und Weib und Kind
Vollauf damit zufrieden sind.
Klingt auch das Fragen oft beflissen:
Kein Mensch will es im Grunde wissen.

Schlaf

Es, sagt man, sei ein gut Gewissen
Das sanfteste der Ruhekissen;
Doch finden wir, daß ein Gerechter
Mitunter schläft bedeutend schlechter
Als einer, der von Grund auf bös:
Das macht, der Gute ist nervös!
Es stellt sich leider bald heraus:
Er schläft nicht richtig ein und aus.
Fremd sind ihm, in der Morgenkühle,
Die baumausreißrischen Gefühle,
Wo einer aufwacht, ganz entrostet,
Und fragt, was heut die Welt wohl kostet.
Die Welt ist viel zu teuer, drum
Dreht er sich lieber nochmals um,
Und wenn er aufsteht, tut ers nur
In Hinblick, schließlich, auf die Uhr.

Eine Liebeserklärung an die Tierwelt

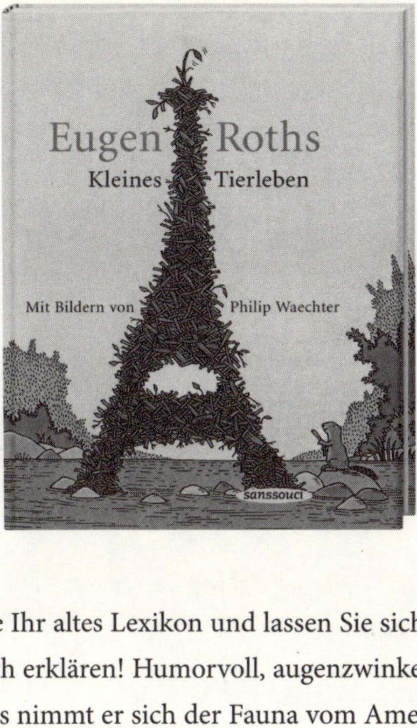

240 Seiten mit 75 farbigen Abbildungen
Gebunden. ISBN 3-7254-1379-7

Vergessen Sie Ihr altes Lexikon und lassen Sie sich die Tierwelt von Eugen Roth erklären! Humorvoll, augenzwinkernd und voller Sachkenntnis nimmt er sich der Fauna vom Ameisenbär über den Finanzhai bis zum Zitterrochen an, wobei auch die sprichwörtliche Parallele zum Menschen nicht zu kurz kommt: »Der Kater, gottlob, ist vergänglich. Doch Katzen hat man lebenslänglich.« Mit treffsicherem Witz von Philipp Waechter ins Bild gesetzt.

sanssouci

Friedrich Christian Delius
Bildnis der Mutter als junge Frau

Rom, 1943: Eine junge deutsche Frau steht kurz vor der Geburt ihres ersten Kindes. Sie spaziert durch die ist aber mit ihren Gedanken woanders. Ihr Mann wurde an die Front abkommandiert. Sie beginnt zu ahnen, dass der Krieg verloren werden könnte.
rororo 33261

Literatur groß geschrieben! Großdruck bei rororo

Martin Walser
Der Augenblick der Liebe

Gottlieb Zürn erhält Besuch von einer Doktorandin. Sie interessiert sich für den Philosophen La Mettrie und überreicht ihm, er ist erstaunt und geschmeichelt, eine Sonnenblume. Sie könnte seine Enkelin sein. Und doch vernimmt er sofort das Klirren erotischer Möglichkeiten.
rororo 33267

Daniel Kehlmann
Die Vermessung der Welt

Mit hintergründigem Humor schildert Kehlmann das Leben zweier Genies: Alexander von Humboldt und Carl Friedrich Gauß. Er beschreibt ihre Sehnsüchte und Schwächen, ihre Gratwanderung zwischen Lächerlichkeit und Größe, Scheitern und Erfolg.
rororo 33270

B 226/1

Weitere Informationen in der Rowohlt Revue *oder unter* www.rororo.de

MIX
Papier aus verantwortungsvollen Quellen
FSC www.fsc.org
FSC® C019821

Das für dieses Buch verwendete FSC®-zertifizierte Papier
Lux Cream liefert Stora Enso, Finnland.